DIE ZAUBERGÆRTEN DES ANDRÉ HELLER

Mit Photographien von Franz Hubmann u.a. · Verlag Christian Brandstätter

Es gibt im Grunde

nahesteht, als ein Stück lebendiger Natur nach seiner

ANDRÉ HELLER

Das Lied vom idealen Park *1979*

Unseren schönen Wahn zu preisen,
will ich einen Park anlegen,
als Gehege deiner Gesten,
als botanisches Gedicht.

Labyrinthe, Teepagoden,
Wasserkünste, Schwanenteich,
Laubengänge, Sonnenuhren,
stummer Gärtner kühles Reich.

Feuerlilien vom Ussuri,
Bambus aus dem Jangtsekiang,
Nachtigallen und Papageien
geben uns Begleitgesang.

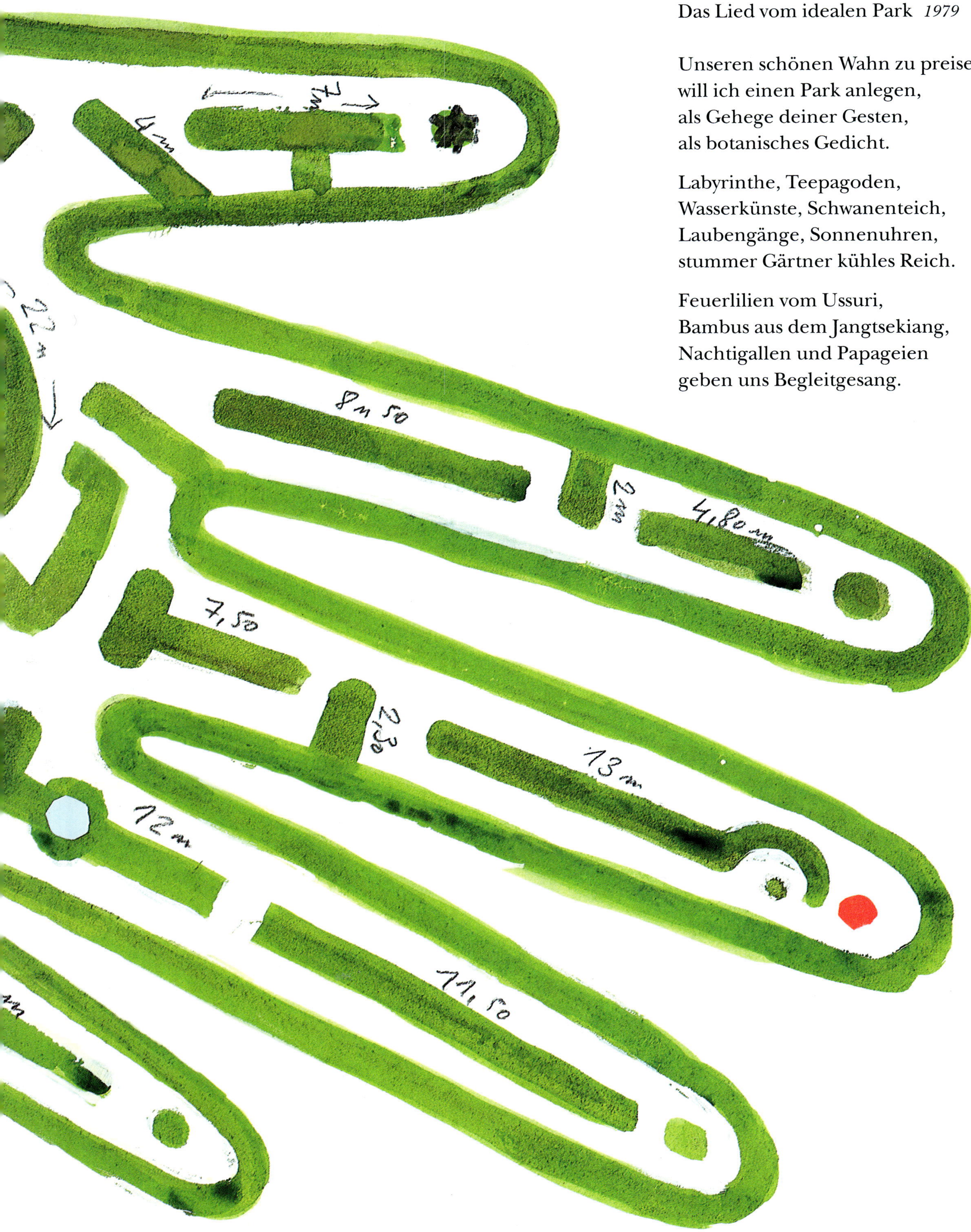

90 m
24 m
16,50 m
22,50 m
6 m
7 m

Phantasie umzugestalten.

nichts, was dem Dichten so

Hugo von Hofmannsthal

Als Achtjähriger schrie ich meiner über alles geliebten Großmutter, Karoline Scholdan, das böse Wort „Verräterin“ entgegen, weil sie sich weigerte, ihre vielfältigen Beziehungen dafür einzusetzen, daß ich fortan im Tropensaal des Schönbrunner Palmenhauses übernachten dürfte. Zwischen Australischen Baumfarnen, an Fächerpalmen montierten Orchideen und den bizarren

Blättern der Elefantenohrenpflanze des Amazonas wollte ich mein Bett und den kleinen Bücherkasten aufstellen, um in der Würde des Dschungels eine unösterreichische Heimat zu finden. Reisender von Abenteuer zu Abenteuer, von Entdeckung zu Entdeckung, schien mir damals wie heute die einzig sinnvolle Art, Zeit zu verbringen, und die botanische Raritätenschau der Habsburger in dem wie eine gewaltige, barocke Prachtperücke aus Glas wirkenden Gebäude hielt, zehn Gehminuten von meinem Wiener Elternhaus entfernt, nicht weniger als eine Art Mustersammlung von Weltgegenden bereit. In Augenblicken konnte man dort von Japan nach Kolumbien oder von Marokko nach Island gelangen. Ein Kaleidoskop an Gerüchen, Farben, Formen

und klimatischen Nuancen war es. Ein Neben- und Durcheinander von Jahreszeiten. Von Laub und Knospe, Ankunft und Abschied.
Aber Großmutter, zumeist euphorische Förderin meiner Unangepaßtheiten, hielt diesen Wunsch für zu exaltiert, und ich zog mich zwei Monate lang beleidigt in die Lektüre von Erzählungen Daniel Defoes und Jules Vernes sowie Alfred Brehms *Beschreibungen des Tierlebens* zurück.

Noch heute empfinde ich das Universum der Pflanzen in vieler Hinsicht als die Versammlung meiner (außer meinem Sohn und fünf oder sechs anderen geliebten Menschen) nächsten Familienangehörigen. Selbst der Anblick eines sich auf feuchtem Gemäuer einer New Yorker Himmelsstürmerarchitektur ankrallenden Moosflaumes hält in Wahrheit ja noch mehr Anregung, Trost und Ermutigung bereit als fast alles in den Katalogen von documenta oder Biennale.
In meinen hermetischen Untergrundjahren, in denen ich vor allem als Kaffeehausdiskutant, Chansonnier, Schauspieler und Bürgerschreck agierte, erschienen mir im Schlaf relativ häufig

leidenschaftlich agierende und sprechende Landschaften. Nach Art der Surrealisten schrieb ich bald ein Vokabelheft mit jenen Wörtern voll, die ich nach dem Erwachen erinnerte. Wörter, die mir Bäume, Wasserfälle, Felsen oder Schatten übermittelt hatten. „Piro Lehg“ beispielsweise lese ich dort als das Idiom der Brennesseln für *Herbst.* Diese ökologischen Traumtheatervorstellungen

wollte ich bald so gut wie irgend möglich in die wache Realität übertragen, um sie mit Freund und vor allem auch mit Feind zu teilen. Bedauerlicherweise ließ die Verwirklichung dieses Wunsches fast fünfzehn Jahre auf sich warten, weil ich allzulange ein Gehirnakrobat war, der immer und überall nur Streit mit den vorherrschenden Meinungen und Kunstkonventionen suchte.

Spaziergänge erschienen mir damals nur nachts sinnvoll, und jede Stunde in stickigen Katakomben strahlte mehr Reiz aus als die klarste Aussicht von einem Berggipfel. Ich gehörte in bedrohlicher Art dem Künstlichen und Finsteren, und es hätte mich nicht beunruhigt, wenn beispielsweise der Rasen im Wiener Stadtpark durch eine Decke aus Petit-point-Stickereien oder polierten Aluminiumplatten ersetzt worden wäre. Erst Besuche im Naturhistorischen Museum, im speziellen längere Aufenthalte in der Mineralien- und Käfersammlung, führten mich wieder an die Geheimnisse, Vergnüglichkeiten und vor allem an die überwältigende Schönheit und positive Energie, die *Fauna* und *Flora* für unsere Wahrnehmungsfähigkeit bereithalten. Es war, als löste ich mich aus einer bedrückenden Hypnose. Erstmals seit meiner Kindheit begann ich mich für den Tag zu interessieren. Ich begrüßte die ruhelosen Wolkenskulpturen, die Gerüche von Gegenständen, die mit Sonne aufgeladen sind, die Geräuschvariationen von Wäldern und Sträuchern im Wechsel der Winde, die Rißornamente des Erdbodens bei unterschiedlichen Temperaturen und tausenderlei mehr. Von all meinen Künstlerfreunden schien sich damals lediglich der Maler Hundertwasser ernstere Gedanken über das Verhältnis zwischen Kunst und Natur zu machen, und Joseph Beuys, immerhin, hatte die Bäume als Brüder erkannt und propagiert. Aber was ich sonst außerhalb des normalen Ausstellungsbetriebes

bemerkte, war im besten Fall ein Nützen von Grünflächen als Bühne für Objekte, Landart oder Happenings. Keiner und keine wollte direkt mit Pflanzen gestalten: blühende Gedichte oder groteske Labyrinthe, Efeuarchitekturen, Glyziniensäle, Alleen aus Heckenfiguren oder anderswie inszenierte Landschaften schaffen.

Auch Wasserspiele, manieristische Grotten und all die Behauptungen der Phantasie, die uns in manchen Renaissance- und Barockgärten Bomarzo- und Hellbrunnseligkeiten lehren, fanden nirgendwo Fortsetzung.

Die Gartenkunst insgesamt hat ja in unserem Jahrhundert einen verheerenden Tiefpunkt erreicht, obwohl sie mit Sicherheit die von allen Künsten am dringendsten benötigte ist, weil sie in unvergleichlicher Weise Ängste zähmen kann und für alle Alters- und Bewußtseinsgrade Zauber und Ermutigung bereithält.

Liebende verabreden sich ja nicht zufällig von jeher in Gärten. Greise fliehen vor ihren Todesahnungen in die Parks ihrer Kindheit, um sich dort mit der ersten Frühlingssonne im Leben zu verankern.

Mein italienischer Besitz, der natürlich

in Wirklichkeit mich besitzt, gilt vielen als magische Glückszone, die es beispielsweise seit beinah hundert Jahren den Brautpaaren der Umgebung zur Selbstverständlichkeit macht, sich dort unmittelbar nach der Hochzeit hinzubegeben. Wer sich über eine wichtige Angelegenheit Gedankenklarheit verschaffen will, flaniert in der freien Natur. Viele betrachten die Spiegelungen in Teichen als Meditationsbilder. Trauernde und Kranke umklammern Baumstämme auf der Suche nach Mitgefühl, und Kräuter sind die älteste und bewährteste Gesundungshilfe überhaupt. Die Natur ist als Quelle der Inspiration unübertroffen und ich frage mich, wieso sie derart selten schöpferische Herrschaften dazu verleitet, mit ihr selbst zu werken. Vielleicht weil gärtnerisches Arbeiten einer anderen und viel größeren Geduld als jener am Theater oder auch vor der Staffelei bedarf. Vielleicht auch, weil man weder Rosen noch Efeu mit Charisma, mit Überzeugungsmacht, mit Geschenken, hohen Gagen oder anderen Verführungen und Tricks anspornen kann. Nichts hilft außer guter Erde, den richtigen Wärmegraden, biologisch klugem

Schutz vor Schädlingen sowie ausreichend Licht und Wasser und Sympathie. Auch was Einkünfte und den Ruhm betrifft, sind Gartenprojekte kompliziert. Sehr viel Zeit und ebensoviel Geld wird für etwas benötigt, das man nicht auf Tournee schicken kann, das ständiger Pflege bedarf, sich nicht zum Verkauf in Galerien eignet, wofür keine Nobelpreise und Lehrstühle verteilt werden

und das der Kritik, wenn überhaupt, nur unter dem Stichwort „verschroben" auffällt. Trotzdem, mehr als alle Revuen und Prozessionen, Romane und Lieder, Burgtheater- und Broadwayereignisse, Filme, Flugapparate, Zirkusse, Skulpturen, Feuerwerke, Luna Parks und andere Merkwürdigkeiten, die in den vergangenen dreißig Jahren meine Handschrift trugen, interessiert mich die Verwirklichung von Orten der Kraft. Oasen der Sinnlichkeit, die zum Staunen und Innehalten einladen und imstande sind, Kinder und Erwachsene, Intellektuelle und Arbeiter gleichermaßen auf einen guten Ton zu stimmen. Denn ich will, daß wir durch Freude lernen, und führe, gelinde gesagt, ein Leben abseits vom Kult der schlechten

Laune. Ob dies das geringste mit dem offiziellen Begriff von Kunst zu tun hat, ist nicht Teil meiner Überlegungen. Ich vertraue meinem Gefühl und der Intelligenz meiner Seele, und die anderen können mit meinen Ergebnissen tun, was ihnen richtig erscheint. (Vor Mißverständnissen ist sowieso keiner gefeit, und die große Leidenschaft um meine Person, ob unfreundlicher oder freundlicher Art, habe ich von jeher als Ermutigung empfunden.)

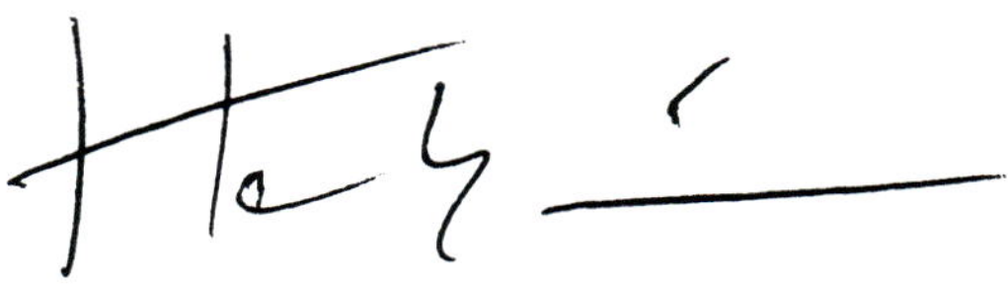

Postskriptum: Bei der Gestaltung dieses Buches haben sich der Graphiker Stefan Fuhrer und ich für das Durchmischen entschieden. Nicht nach Projekten und Orten wollten wir unterscheiden, sondern einen neuen Garten schaffen aus Bildern all meiner Gärten und Gartensplitter.
Am entscheidendsten zum Gelingen hat der bedeutende Photokünstler Franz Hubmann beigetragen, der mit über achtzig Jahren bei jedem Wetter und in jeder denkbaren Unbequemlichkeit für uns seine wunderbaren Augen offenhielt.

DER DICHTER JAMES BALDWIN BESTAUNT
MEINEN BOTANISCHEN → PARK.

EINE ALLTÄGLICHE BEGEGNUNG. 20. JUNI 93
HELLER

MISSTRAUE
DER IDYLLE!

EIN HERBST IM MAI IST EINE SELTSAME ERFAHRUNG.
HELLER. 29.5.92

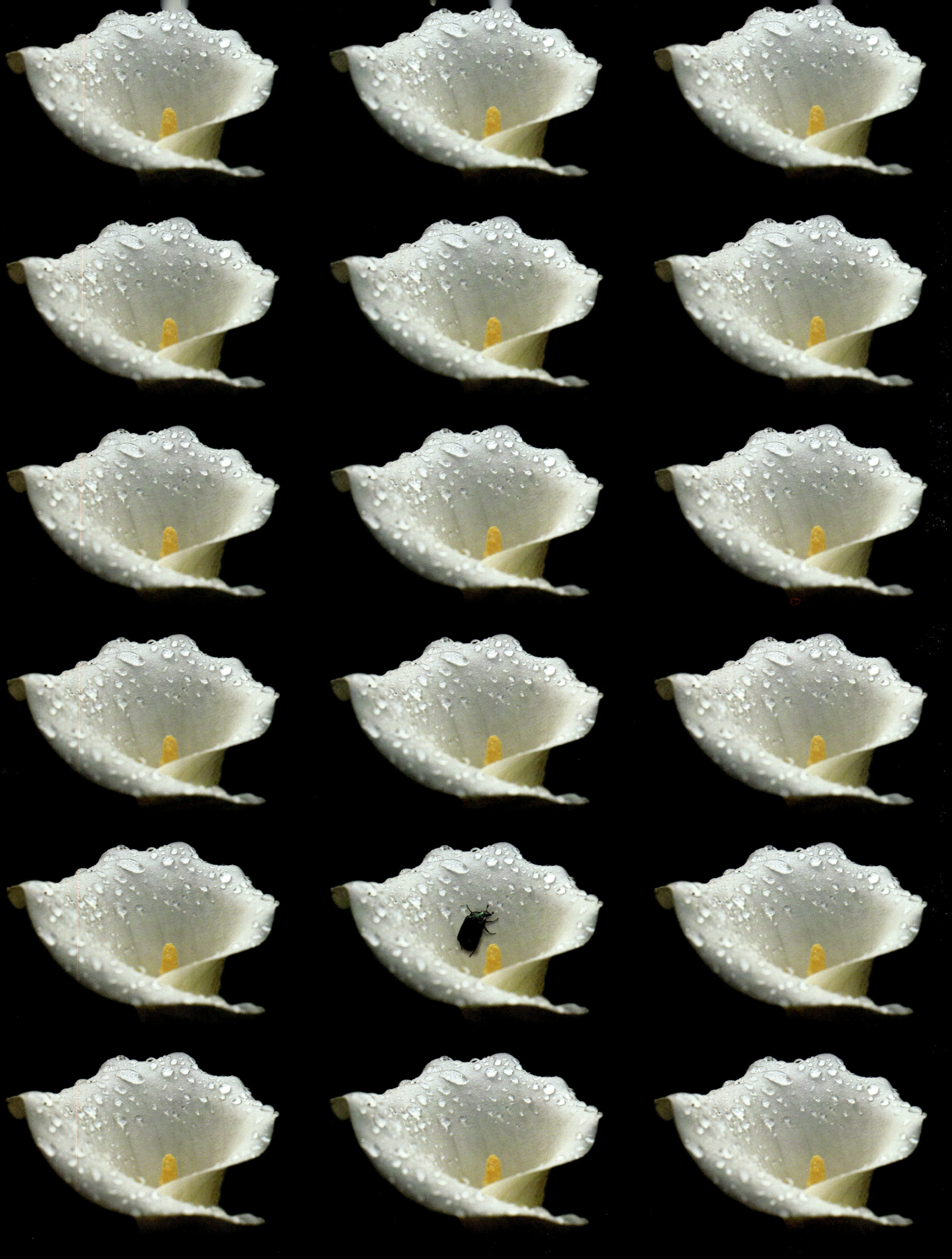

GARDONE
19. JUNI 93
DER ERTRUNKENE GÄRTNER. HELLER

GARDONE
19. JUNI 93
DER ERTRUNKENE GÄRTNER. HELLER

GARDONE
19. JUNI 93
DER ERTRUNKENE GARTNER. HELLER

GARDONE
19. JUNI 93
DER ERTRUNKENE GÄRTNER. HELLER

DIE PURPURTIERE MEINES GARTENS
WOLLEN EINEN KOENIG WAEHLEN.
GARDONE. 3+4 JUNI 93
HELLER.

DIE PURPURTIERE MEINES GARTENS
WOLLEN EINEN KOENIG WAEHLEN.
GARDONE. 3+4 JUNI 98
HELLER.

DIE BOTANISCHE ANDACH

DIE VERWIRKLICHUNGEN

WELTGARTENSCHAU BERLIN · 1985

Für die Weltgartenschau in Berlin entwarf André Heller ein gewaltiges Blumenbild, das inmitten all der Schönheit und heilen Gärtnerträume an die bedrohte Umwelt erinnern wollte. Der Titel lautete dementsprechend „Mißtraue der Idylle".

Seite 68/69, 70, 71, 144;

GARDONE RIVIERA · Fondazione André Heller

seit 1989

Geöffnet von März bis Oktober

Um 1900 begann der bedeutende Arzt und Botaniker Arthur Hruska in Gardone Riviera am Gardasee mit der Schaffung eines später weltbekannten Paradiesgartens. Über 15.000 verschiedene Pflanzenarten aus allen Erdteilen sind dort in der gleichen Erde und unter demselben Himmel vereint. Nach Hruskas Tod im Jahre 1971 blieb die Kostbarkeit für achtzehn Jahre im großen und ganzen sich selbst überlassen. 1988 kaufte André Heller den Besitz und verwandelte ihn zu einem einzigartigen ökologischen Forschungsprojekt, der *Fondazione André Heller,* die zwischen März und Oktober in weiten Teilen öffentlich zugänglich ist.

Seite 1, 8/9, 10/11, 13, 17, 19, 20/21, 22/23, 24/25, 28, 29, 30/31, 32, 34, 35, 36 oben, 37, 40, 41, 42, 43, 44/45, 46/47, 48/49, 51, 52, 54/55, 56, 57, 58, 59, 60, 61, 62/63, 65, 66/67, 72/73, 75, 76/77, 78, 79, 80, 81, 83, 84/85, 88, 89, 90/91, 94, 95, 96, 97, 102/103, 112, 113 unten, 116/117, 120 r., Mitte oben und unten, 121, 122/123, 124/125, 130, 131, 132/133, 135, 138, 139, 140/141;

SCHLOSSPARK SCHÖNBRUNN · Wien 1992

Am Ende einer Allee im barocken Park des Schlosses zu Wien installierte André Heller 1992 mit Unterstützung der österreichischen Bundesgärtner die in den Jahreszeiten wechselnde Pflanzenskulptur der „Versinkenden Riesin".

Seite 12, 50, 83 l. Mitte, 126, 127, 128/129;

SWAROVSKI KRISTALLWELTEN

Wattens, Tirol, seit 1995

Telefon: +43-(0)5224-51 08 0-0, Fax +43-(0)5224-51 08 0-3,

Internet: http://www.tis.co.at/swarovski-kristallwelten (deutsche Seiten)

http://www.tis.co.at/swarovski-crystal-worlds (englische Seiten)

Öffnungszeiten: Montag bis Samstag von 8.00 bis 18.00 Uhr

Sonntage und Feiertage von 10.00 bis 17.00 Uhr. Der Eingang der von André Heller erdachten Swarovski Kristallwelten in Wattens in Tirol, einem Gefüge unterirdischer Wunderkammern, wird vom Kopf eines wasserspeienden, efeuüberwachsenen Riesen mit leuchtenden Kristallaugen bewacht. In derselben Anlage befindet sich die vergrößerte linke Hand des Künstlers in Form eines Heckenlabyrinthes.

Seite 6/7, 36/37 unten, 39, 100/101, 104/105, 110/111, 119, 136/137;

METEORIT im RWE-PARK Essen – seit 1998

Telefon: +49-(0)201-320 67-500, Öffnungszeiten: Montag bis Sonntag von 10.00 bis 20.00 Uhr. Ein unter Tag gelegenes Raumgefüge mit oberirdischem Park und einer Lichtskulptur als Wahrzeichen. Seite 92, 108/109, 118

HIETZINGER PRIVATGARTEN · Wien

Zum Privatgarten André Hellers gehört ein kleiner Skulpturengarten sowie ein Gewächshaus. Seite 18, 33, 82, 83 l. oben, 98/99, 113 oben, 120 l. oben, 134;

DIE SKULPTUREN:

Die Seiten 30/31 zeigen eine Skulptur von Keith Haring; die Seiten 32/33 den „Gedenkstein für Kaiser Hadrian" von Susanne Schmögner und André Heller. Auf Seite 39 ist der „Wünschelrutenhase" von Barry Flanagan zu sehen; auf Seite 41 eine Skulptur von Susanne Schmögner. Das Kinderhaus auf Seite 42 wurde von Edgar N. Tezak bemalt. Die Seite 56 zeigt eine Skulptur von Mimo Palladino; Seite 82 wiederum eine von Susanne Schmögner. Die Pyramide auf den Seiten 116/117 ist ein Entwurf von Roy Lichtenstein. Der Bambuskristall auf Seite 119 stammt von Akio Hizume.

BILDNACHWEIS:

Ingrid Asmus (Schönbrunn Kultur- und Betriebsges. m. b. H.), Wien: Seite 12; Franz Eliskases, Innsbruck: Seite 39 rechts; Fotogalleria Franco Tonoli, Salo: Seite 17; Foto Video Tosi, Rivoltella del Gardo: Seite 17; Hans Gissinger, New York: Seite 1; G+J Fotoservice, Hamburg: 43, 79, 93; Christine de Grancy, Wien (Agentur Anzenberger, Wien): Seite 126, 127, 128/129, 140/141; André Heller: Aquarelle auf Seite 6/7, 14, 26/27, 64, 74, 86/87, 114/115; Volker Hinz (Stern), Hamburg: 92; Franz & Axel Hubmann, Wien: Seite 2/3, 8/9, 10/11, 13, 18, 20/21, 24/25, 28, 29, 30/31, 32, 33, 35, 36/37 oben, 40, 46/47, 48/49, 51 unten, 52, 57, 59 rechts, 60, 61, 62/63, 65, 66/67, 72/73, 75, 76/77, 78, 80, 81, 82, 83 oben, unten sowie in der Mitte, 88 oben, 89, 90/91, 94, 95, 96 unten, 97 oben, 98/99, 102/103, 112, 113, 119, 120, 130, 131, 132/133, 134, 135, 138, 139; Herlinde Koelbl, München: 54/55; Österreichische Bundesgärten, Wien: Seite 50; Bildagentur Pix, Wien: Seite 15, 38/39, 53; Ulrike Schamoni, Berlin: Seite 44/45, 56; Fritz von der Schulenburg, London: Seite 19, 22/23, 34, 41, 42, 51 oben, 58/59, 83 Mitte links und rechts, 84/85, 88, 116/117, 121, 122/123, 124/125; Jürgen Sieckmeyer, Köln: Seite 68/69, 70, 71, 144; Staackmann Verlag: 16; Stuttgarter Luftbild Elsässer GmbH: 118; Firma Daniel Swarovski, Wattens (Foto Rhomberg): Seite 100/101 (Franz Eliskases), 36/37 (Kurt Mayer), 104/105 (Elfie Semotan), 110/111 (H. Steiger, Helifoto), 136/137, 108/109 (Margherita Spiluttini)

Die Deutsche Bibliothek - CIP-Einheitsaufnahme

Die **Zaubergärten des André Heller** / mit Photogr. von Franz Hubmann u. a. -

Sonderausg. - Wien : Brandstätter, 1998

ISBN 3-85447-842-9

1. Auflage

Die graphische Gestaltung des Werkes sowie der Entwurf des Schutzumschlages stammen von fuhrer.

Das Lektorat besorgte Barbara Sternthal, die technische Herstellung Rudolf Metzger.

Die Reproduktion der Photographien und der Druck erfolgten bei der Druckerei Stiepan in Leobersdorf.

Gesetzt wurde aus der Baskerville.

ISBN 3-85447-842-9

Christian Brandstätter Verlagsgesellschaft m.b.H.

A-1080 Wien, Wickenburggasse 26 · Telephon (+43-1) 408 38 14